ちいさな宝もの

大橋 英五（木《こ》っぱこうぼう）／著

はじめに

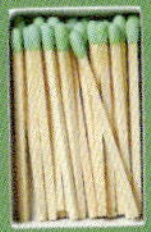

木工を始めて、40年になります。ちいさな工作をたくさん作りました。また、ちいさなちょっとした宝ものがたくさん集まりました。どれもマッチ箱に入るくらいの大きさです。

そこで、これをマッチ箱に入れることにしました。

私の子供のころは、風呂を焚くのは子供の仕事でした。木の風呂桶を薪で焚いていました。新聞紙をくしゃくしゃにして、下に置いて、たき木をなたで割って細くして上に置きます。その上に大きな薪を置きます。そこで、マッチ箱からマッチ棒を取り出して火をつけます。

このマッチ箱、マッチ棒の大きさが、私にとってとてもここちよいのです。

たくさんのマッチ箱のなかの宝ものは、木《こ》っぱこうぼうのメンバーが作りました。工作好きが集まって、工作を楽しんでいます。

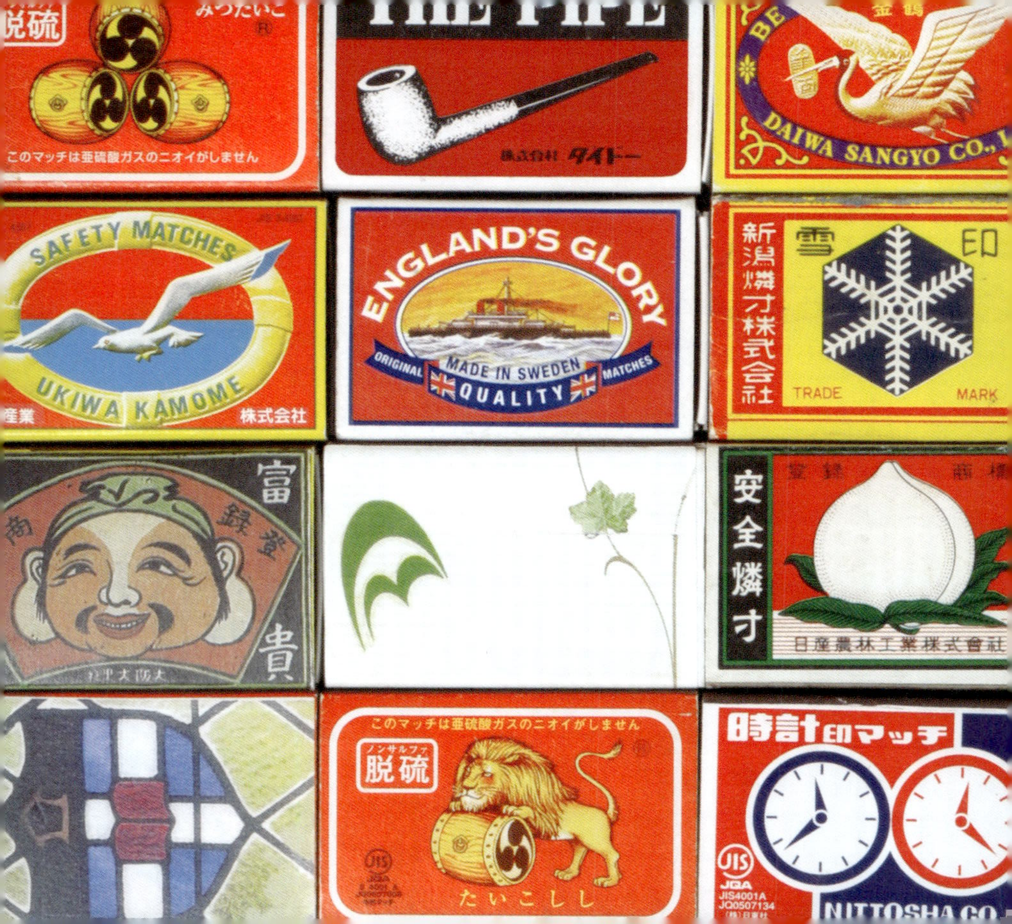

脱硫
みつたいこ
このマッチは亜硫酸ガスのニオイがしません
株式会社 ダイトー
金鶴
DAIWA SANGYO CO.,
SAFETY MATCHES
UKIWA KAMOME
産業
株式会社
ENGLAND'S GLORY
ORIGINAL
MADE IN SWEDEN
MATCHES
QUALITY
新潟燐寸株式会社
雪印
TRADE MARK
富貴
安全燐寸
日産農林工業株式會社
このマッチは亜硫酸ガスのニオイがしません
脱硫《ノンサルファ》
たいこしし
時計印マッチ
JIS
JQA
JIS4001A
JQ0507134
NITTOSHA CO.

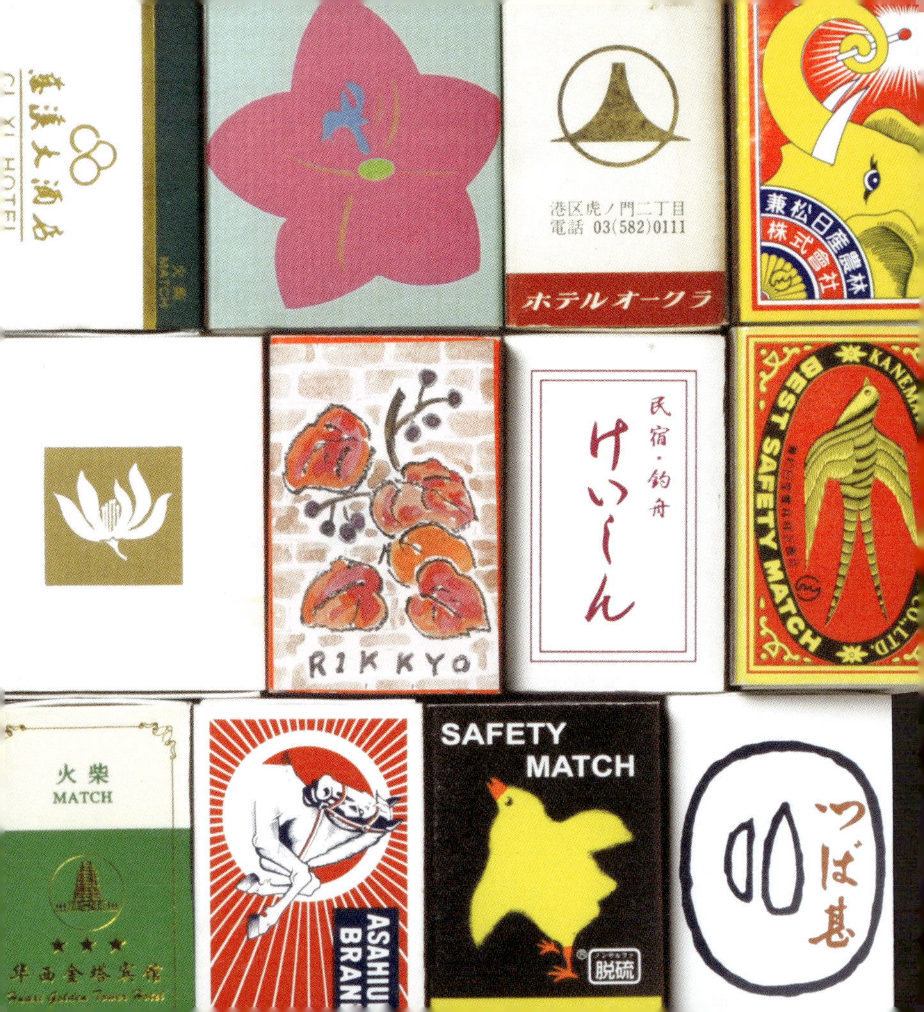
CI XI HOTEL
港区虎ノ門二丁目
電話 03(582)0111
ホテルオークラ
兼松日産農林
株式會社
BEST SAFETY MATCH
CO.,LTD.
民宿・釣舟
けいしん
RIKKYO
火柴
MATCH
华西金塔宾馆
Huaxi Golden Tower Hotel
SAFETY
MATCH
脱硫
つば甚

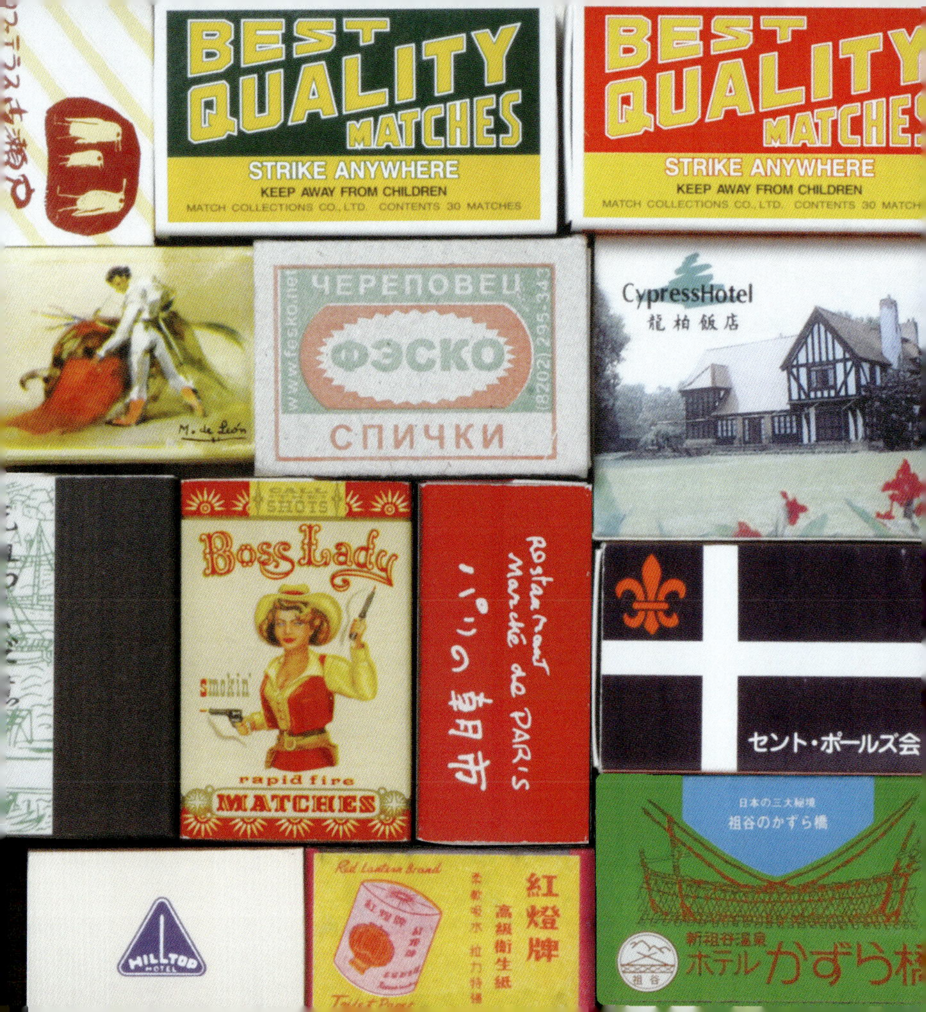
BEST QUALITY MATCHES
STRIKE ANYWHERE
KEEP AWAY FROM CHILDREN
MATCH COLLECTIONS CO., LTD. CONTENTS 30 MATCHES
BEST QUALITY MATCHES
STRIKE ANYWHERE
KEEP AWAY FROM CHILDREN
M. de León
ЧЕРЕПОВЕЦ
ФЭСКО
СПИЧКИ
www.fesko.net
CypressHotel
龍柏飯店
Boss Lady
smokin'
rapid fire
MATCHES
Restaurant Marché de PARIS
パリの朝市
セント・ポールズ会
日本の三大秘境
祖谷のかずら橋
新祖谷温泉
ホテルかずら
祖谷
HILLTOP HOTEL
Red Lantern Brand
紅燈牌
高級衛生紙

マッチ箱コレクション

私がものごころついたころから、マッチ箱の大きさは、3.5cm×5.5cm×1.5cmでした。マッチは消耗品ですから、古いマッチ箱をみることはほとんどできません。

かつては、銀行などではもちろん、ちょっとした商店、飲食店などにもその店のデザインのマッチがおいてあって、気軽にいただいていました。その後、100円ライターが出現したりして、マッチはすっかりみなくなりました。

紹介しているマッチは、私の手もとにあるマッチ箱のうち、市販されているもの、お店などでいただいたもの、また私が作ったものを並べてみました。海外のものもあります。

さあ一、マッチ箱のなかからどんな宝ものが出てくるでしょうか。

ちいさな宝もの　もくじ

はじめに …… 3

マッチ箱コレクション …… 7

ちいさな宝もの

どんぐり …… 12

エンピツ …… 16

秋のめぐみ …… 18

木の時計 …… 22

バッヂ・ストラップ …… 24

だんご・おでん・やき鳥 …… 26

カギ …… 30

マッチ棒 …… 32

ナイフとはさみ …… 34

ちいさな工作 …… 36

はんこ …… 42
えびす・大黒 …… 46
おひなさま …… 48

建物の風景

立教のキャンパス …… 54
ちいさな建物 …… 60

のりもの

三輪車 …… 72
ヨット …… 78
飛行機・ヘリコプター …… 80
くるま …… 86

もくじ

動物たち

いぬのポチ …… 92
ひよこ …… 98
かに …… 102
化石 …… 104
かたつむり …… 108
ちいさな虫 …… 110
ちいさな生きもの …… 114
いぬのポロン …… 116
テディ・ベアのお茶会 …… 120

あとがき …… 124

ちいさな宝もの

あれっ?

どんぐり

5歳のなほちゃんが、近くの公園でどんぐりをいっぱい拾ってきてくれました。大きいどんぐり、小さいどんぐり、まるいどんぐり、やせっぽっちのどんぐりです。

どういうわけだか、このどんぐりの形がとてもおちつきます。どんぐりの形がきらいな人はいないのではないでしょうか。縄文時代の人たちはどんぐりを食料にしていました。つまり、縄文のころから親しんだ形なのですから。

私も気ままに色々などんぐりを作りました。そして、皆さんに差し上げてきました。今ごろ、差し上げたどんぐりから、虫が出てきたりしていないでしょうね。

【どんぐりの作り方】

①直径1.5cmの黒柿、うもれ木などの黒っぽい木でかさを、直径1.3cmのカリン、けやきなどの赤っぽい木でどんぐりの本体を作る。

②かさと本体の内側に軸を通す。どんぐり本体がかさの内側に組み込むように取り付ける。

③よく乾燥させてから、型をととのえる。

④どんぐり本体に虫の出た穴をあけ、長さ0.8cmの虫を作ってどんぐりと虫を串で止める。

ポイント　大きさ、型を自由に作る。同じものはできない。

B
B
3B
uni
3B
3B
B

エンピツ

新しいエンピツを手にしたときから、このエンピツとのつき合いが始まります。5～3cmくらいの大きさになるまでのつき合いです。小さくなったエンピツをマッチ箱に入れました。「エンピツさん、ながい間、ありがとう」。

また、バラ、しゃくなげ、南天の枝で、エンピツを作りました。芯は黒柿です。

【エンピツの作り方】

①実際のエンピツより少し太めの枝を準備する。

②枝の両端に穴をあけ黒柿の棒をさし込んで接着する。

③先端を削って黒柿の芯を出す。

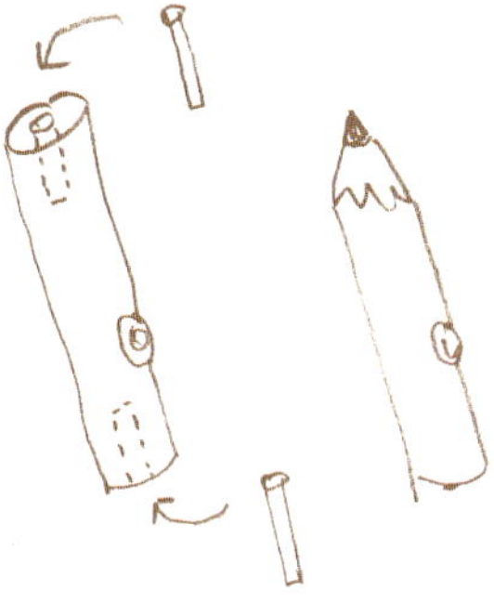

ポイント　エンピツの枝は、南天、バラなど、少し個性のあるものがおもしろい。

さて、本物の栗はどれでしょう？

SAFETY MATCHES
UKIWA KAMOME
うきわかもめ

秋のめぐみ

秋のめぐみの栗、しいたけ、さくらんぼを作りました。

つげ、けやきで形を作って、細かいサンドペーパーでゆっくりとみがいて、染料で色をつけました。とてもしっとりと色がついて気に入っています。

ところで、栗のなかには本物の栗があります。どれだかわかりますか？

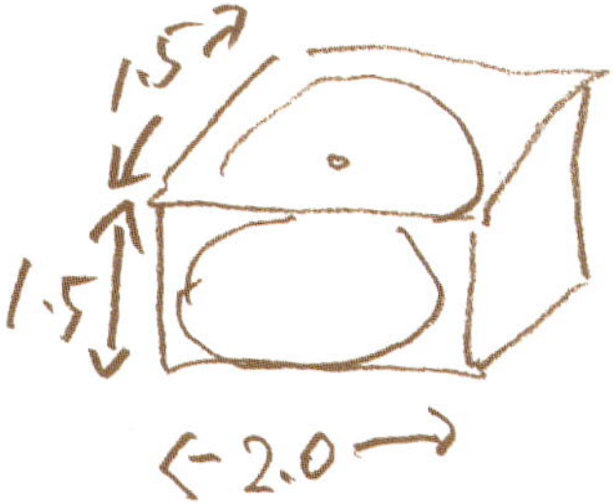

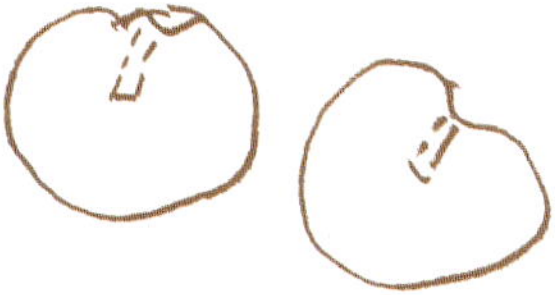

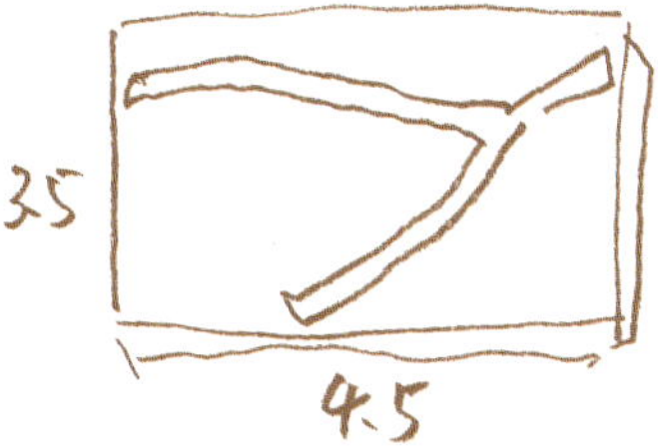

【さくらんぼの作り方】

①つげ、けやきなどの木片（2.0cm×1.5cm×1.5cm）で、さくらんぼを作って、中央に穴をあける。

②細かいサンドペーパーで、ゆっくりと、ていねいにみがいて染料でさくらんぼの雰囲気がでるように色をつける。

③3.5cm×4.5cmのうすい板で二またのへたを切り出し、ていねいに削って色をつける。

④へたをさくらんぼにさす。

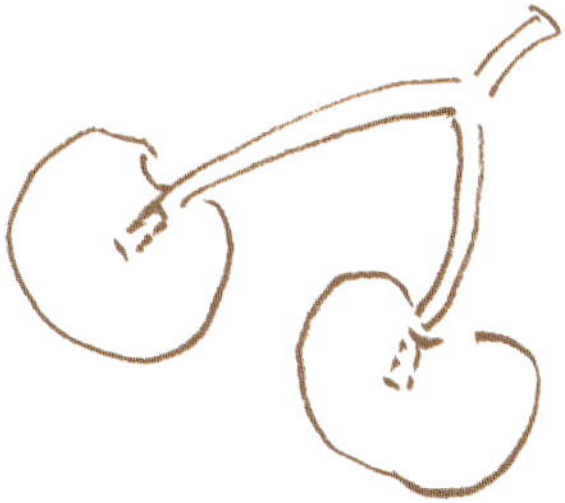

ポイント さくらんぼの質感、色あいを大切に、ていねいに作る。

RIKKYO
KORAN
DAITO BUNKA

木の時計

大学に勤めているころ、先輩の教授が、決して高価そうではないけれど、とてもすてきなドイツ製の懐中時計をもっていました。その時計にあこがれていました。あるとき、横浜の高島屋で同じようなセイコー社の時計をみつけて、手に入れました。長い間、使っていました。

それからしばらくして、銀座の和光で、ロンジンの懐中時計をみつけて、衝動的に買いました。とても気に入って、使っています。

私も木で懐中時計を作りました。学生さんに卒業の記念に木時計（金ではない）を差し上げてきました。また知り合いの人たちに、ゆかりのデザインで時計を作って差し上げています。

STARBUCKS
COFFEE
クラシックラガー
KIRIN

KIRIN

バッヂ・ストラップ

学校の校章、会社の社章、少年探偵団のバッヂ、東京オリンピックのバッヂ、NPOなどのバッヂ、また、ただかわいいバッヂなど、デザインに工夫をこらしたバッヂがあります。

それらを見ながら何となく、意味もないストラップをたくさん作りました。飲料水のビンのフタ、レモン、リンゴ、レンコンの輪切り、ねこの足跡……。

皆さんに差し上げて、携帯電話のはじなどにぶら下げてもらっています。

だんご・おでん・やき鳥

串にささっただんご、おでん、やき鳥をマッチ箱に入れました。

３色のだんごは紅、白、緑です。娘たちがちいさい子供のころ、いっしょに米粉でだんごを作って、食紅、よもぎで色をつけました。だんごはやっぱり、緑のよもぎが芽を出す春の食べものです。

おでんには、こんにゃく、うずらの玉子、ちくわがささっています。この３品はおでんの定番でしょう。

さいごにやき鳥ですが、鶏肉とねぎが交互に入ったねぎ間です。今夜はこれをみながら、一ぱいやりたいところです。

【だんごの作り方】

①1.1cm×1.1cm×3.5cmの木片の中央に穴をあけ、3等分して、3個のだんごと作る（切り離さない）。

②竹またはつげで長さ5.3cmの串を作る。とっ手にちいさな穴をあければストラップになる。

③だんごに串をさして、接着剤でとめて、紅、白、緑の色をつける。

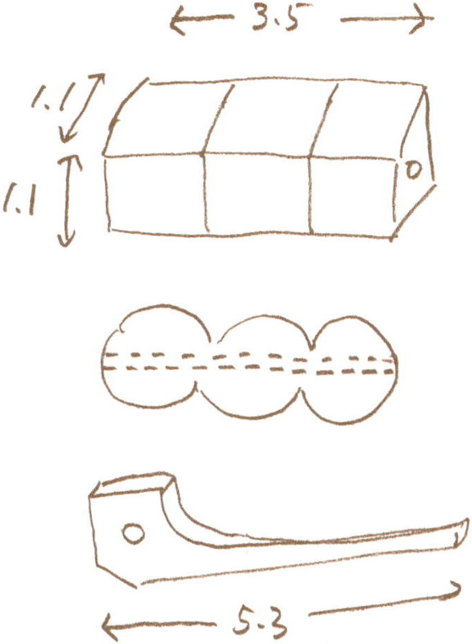

ポイント こりすぎず、ザックリと作るとおいしそう。

カギ

ちいさなカギが集まってきました。カギといっても開ける方のカギです。近ごろでは、棒状のところに穴のあいているカギは、あまりみられなくなりました。ところで、コンビーフを開ける金具はカギとはいわないでしょう。でも、なかまに入れました。

カギをみながら、私もつげの木でカギを作りました。

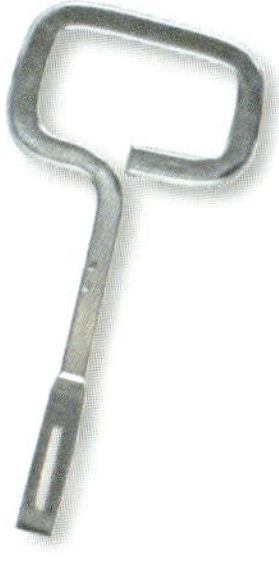
これは
カギとは
言いませんね…。

マッチ棒

マッチ棒といっても、長さ、太さはさまざまです。3.5cm × 5.5cm × 1.5cm のごく普通のマッチ箱に入った長さ 5.5cm のマッチ棒だけでなく、長さ、太さ、さらに頭の色、材質も色々です。マッチ棒たちが一堂に会して、何を話し合っているのでしょうか。

私もマッチ棒を作りました。太めのマッチ棒がそれです。このマッチ棒の頭は、絵の具、のりに木の粉をまぜて作りました。

【マッチ棒の作り方】

①マッチ箱のたての長さより少し短い頭のついた棒を作る。

②マッチ棒の頭の色の絵の具、木工用の接着剤、木の粉（のこぎりで木を切ったときに出る粉をふるいでふるう）を混ぜる。

③少しねばりのある状態にして、これにマッチ棒の頭につける。

④よく乾燥させる。

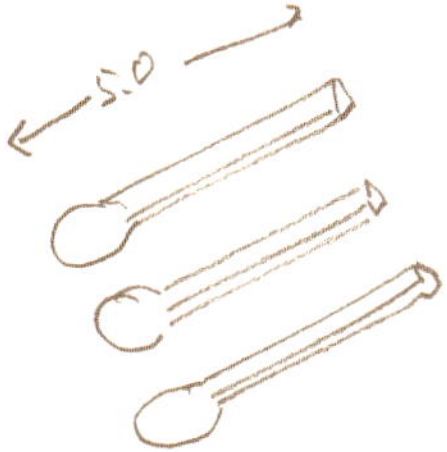

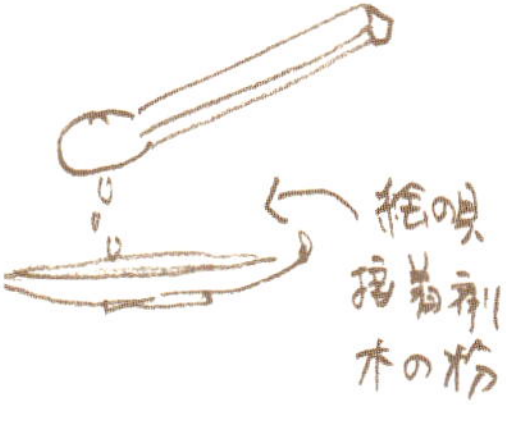

ポイント

マッチ棒は、長さをマッチ箱より少し短く、少し太めに作る。

ナイフとハサミ

ナイフやハサミは実際に使う道具ですから、人の手の大きさに合わせて作られています。

工作に使うために、ナイフやハサミを専門店へ買いに出かけます。すると、普通の道具とならんで、ちいさなナイフやハサミがおいてあります。普通の道具と同じ製法で、職人さんが腕自慢で作ったのでしょう。とてもよく切れます。

私も、つげ、ビワの木で、ちいさなハサミを作りました。ところで、このハサミは切れません。念のため。

気がついたら、こんなに作っていました。

RIKKYO

マッチ箱3つ分になりました。

ちいさな工作

私たちの身のまわりの多くのものは、ここ数十年の間に、大きく大きくなってきました。乗りもの、建物、工場などは、すべてどんどん大型化、大規模化してきました。

こんななかで、小さく小さく、身のまわりのものを作ってみました。1cm くらいの車、ちいさなぽっくり、赤いくつ。また、いぬ、ねこ、すずめ、野菜……。

作っていたら、マッチ箱３箱になりました。

【くさりの作り方】

①2.2cm×0.9cm×1.2cmのつげの木片を十字に切り出す。

②細いドリルの刃を使って、穴を何か所もあけて、ゆっくりと切り離してゆく。

③3つの部分に切り離せたら、ナイフで形をととのえる。

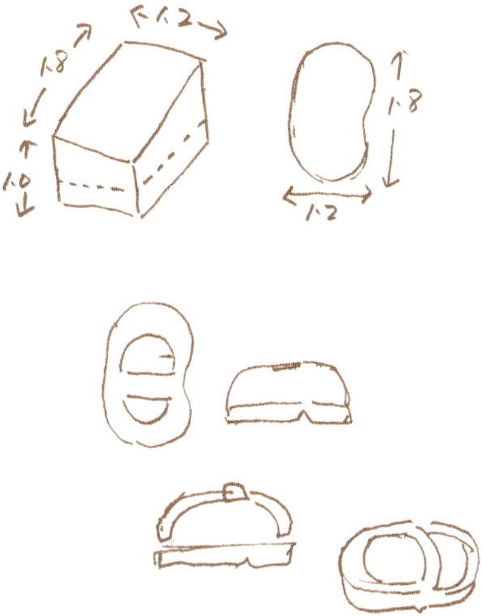

【赤いくつの作り方】

①くつの裏の形を型にとる。

②厚さ1.0cmのつげの板2枚に、それぞれくつの裏の型を左右対称にうつす。

③2枚の板をそれぞれ、0.7cmと0.3cmに切り分ける。

④上部の方の中をくりぬいて、上部と下部をはり合わせて形をととのえる。

⑤赤い色で着色する。

ポイント 子供の赤いくつらしくかわいらしく作る。

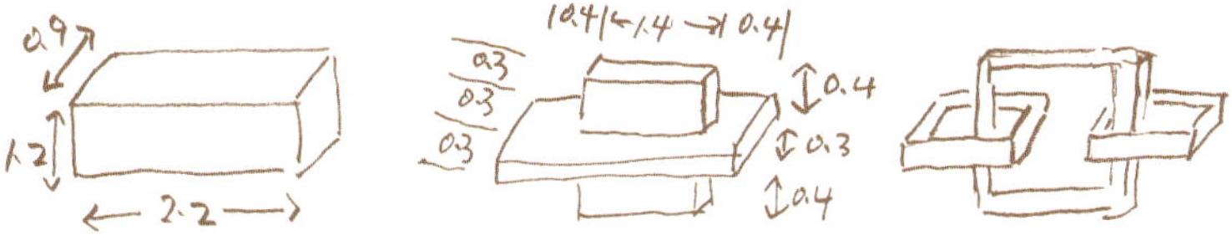

ポイント ゆっくり、ゆっくりと穴をあけてゆくことが大切。

SATOKO
Miwa
RIE
ペタッ

ペタッ

ご結婚
おめでとう
おしあわせに
お元気ですか
じゃ、またね。
ごちそうさま
じいじへ
じいじこんどいったら
あそぼうね☆なしまより
山本なほ

はんこ

ちいさな木片ではんこを作りました。気ままに、そのときどきに、思いうかんだものを刻みました。作ったはんこをならべてみると、およそ統一性がなくて楽しそうではありませんか。

このはんこ、いろいろなところに押しまくっています。カードを書いたあとのサインがわりに、手紙の封印に、大切なものが自分のものであることの印に、などです。

えびす・大黒

マッチ箱で厨子を作って、えびす・大黒を納めました。ちいさなえびす・大黒さんですが、わが家をお守り下さることでしょう。

私が子供のころから、わが家には、えびす・大黒がまつられていました。また、お稲荷さんが庭の一角にまつってあって、父は毎日、手を合わせていました。

そんなわけで、私もえびす・大黒にはしたしみがあって、これまでに何体か作りました。でも、これが私の作った最もちいさなえびす・大黒です。

はまぐりびな

はまぐりびな

しじみびな

しじみびな

ほぼ、原寸大です。

おひなさま

娘の節句の祝に、実家の両親に、段かざりの立派なおひなさまを買ってもらいました。そのとき、売場の片すみに大きなはまぐりに入ったおびな、めびながありました。一緒に買ってもらいました。娘は、もうお母さんになっていますが、今度は孫のために、はまぐりのカラにおひなさまが入ったはまぐりびなを作ってあげました。はまぐりびなは、だんだんちいさなはまぐりになりました。これを皆さんにも差し上げました。はまぐりびなは、さらにちいさくなって、しじみびなになりました。このしじみびなは、マッチ箱に2組入ります。

また、マッチ箱に赤いもうせんを敷いて三人官女といっしょにちいさなおひなさまを入れました。

【おひなさまの作り方】

①マッチ箱に入るくらいのはまぐりの貝がらをきれいに洗う。

②下の貝がらには台をつけ、内部に、おびな、めびなのすわる板をつける。
上の貝がらを逆さに立ててびょうぶのように立てられるようにする。

③上と下の貝がらに、絵の具がのりやすいように、うすいはだ色に木工用の接着剤を混ぜてぬる。そのあと、貝がらに絵をかく。

④ほうの木でちいさなおびな、めびなを作って色をぬる。

ポイント　貝がらは、貝を食べたあと、しばらく屋外において完全にくさみをとる。

建物の風景

池袋モンパルナスと呼ばれていた時代。

立教大学の四季。

今も色あせない様式美。

立教のキャンパス

立教大学の池袋キャンパスをマッチ箱のなかに入れました。多くの建物は大正期に造られたものです。55ページの上の風景は、小熊秀雄の「夕日の立教大学」という油絵に感動して、マッチ箱に入れました。第二次世界大戦前に多くの画家、詩人たちが、パリのモンパルナスのように集って、池袋モンパルナスといわれていたころの作品です。

建物に見られるアーチは、チューダ王朝時代に代表される様式で、4つの中心をもつ円から構成され、チューダ・アーチと呼ばれています。窓、屋外燈、チャペルの天井なども作りました。

小さな小さな建物を作りました。

こちらは、立教大学池袋キャンパス

思い出のある建物たち。

宮崎県都城のビール工場

横浜の赤レンガ倉庫

どこかで見た、いろいろな建物たち。

民家

マッチ箱にしまうときは、

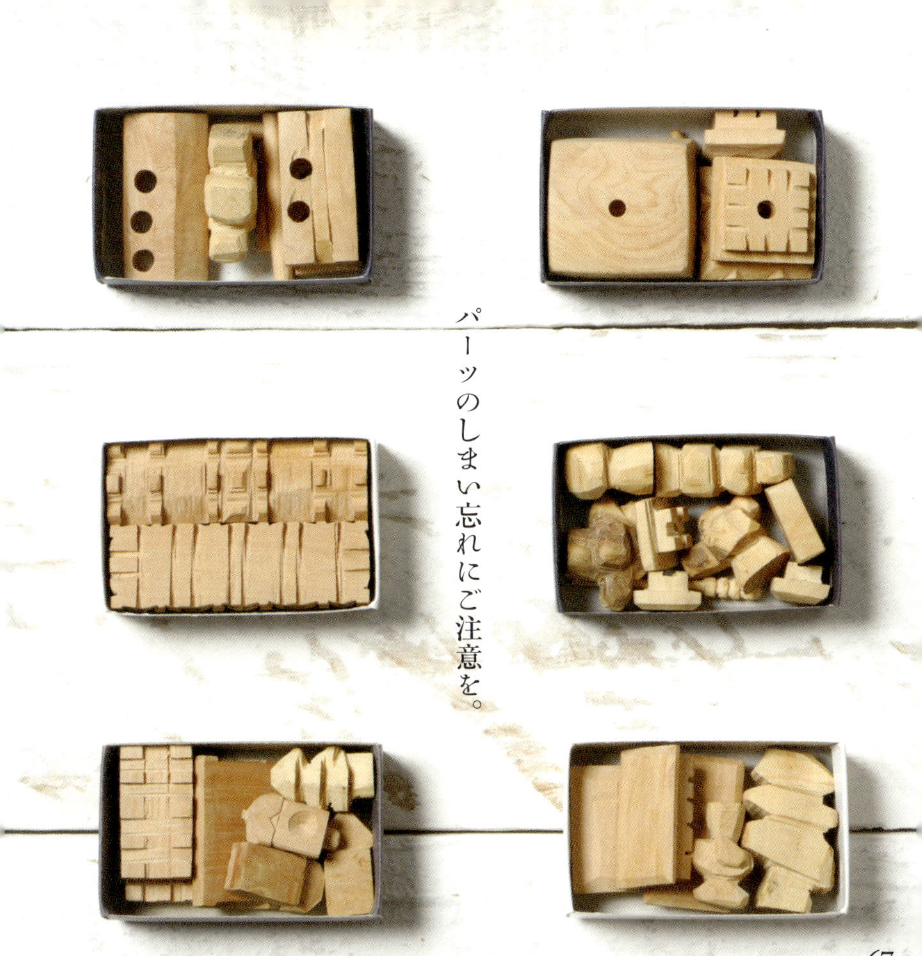

パーツのしまい忘れにご注意を。

ちいさな建物

　各地で出合った建物をマッチ箱に入れました。ちいさい部品を組立てると、建物が完成します。横浜の赤レンガ倉庫、宮崎県都城のビール工場、札幌の時計台、大東文化大学の九段校舎、立教大学の池袋キャンパス、お城、三重の塔、また、民家などです。

　マッチ箱にびっしりとつまった部分品を、ゆっくりとていねいに組立てます。ちいさな部分品をテーブルの下にころがしたりしないように。

【横浜レンガ倉庫の作り方】

①1.7cm×5.2cm×0.7cmの木片に、上の図のように屋根を削り出す。

②1.7cm×5.2cm×0.6cmの木片に、中の図のような切れ目を入れる。これを2枚作る。

③同じ大きさの板の裏側に、下の図のように切れ目を入れる。

④下から順に積み上げる。

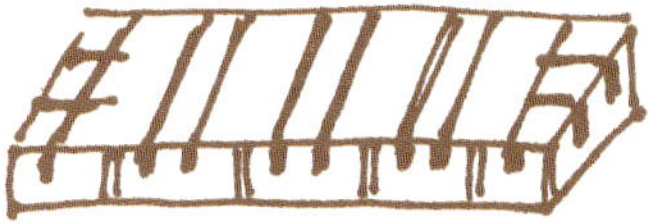

ポイント

こりすぎず、建物の雰囲気を大切に作ってみよう。

【三重の塔の作り方】

①厚さ0.7cmのつげの板から、一辺1.6cm、1.4cm、1.3cm、1.2cmの正方形の板を4枚作る。

②一辺が1.2cm、1.3cm、1.4cmの板に屋根、まどをつける。

③一辺が1.6cmの板を台形に削る。

④それぞれ中央に穴をあけ、長さ3.6cmの中心棒を作って、全体をつらぬく。

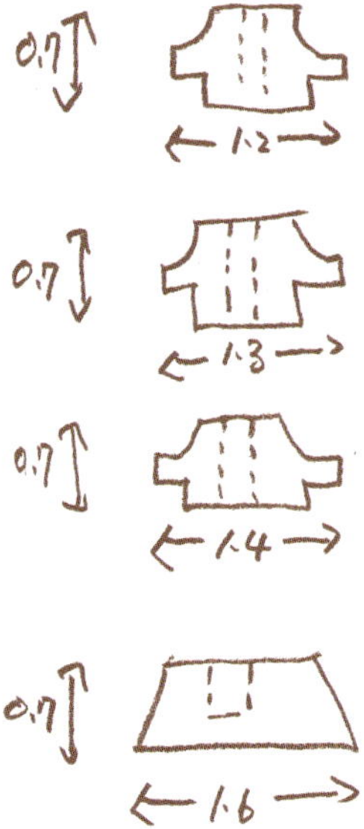

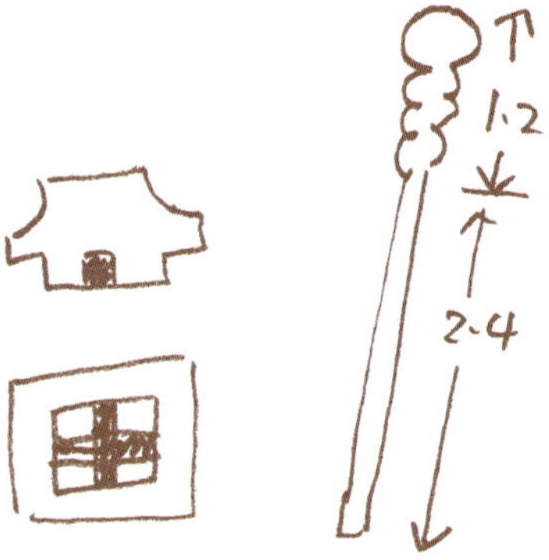

ポイント 各層の全体のバランスがとれるように作る。

のりもの

今日はどこに遊びにいこうか？

お花畑まで、いってみようよ！

三輪車

子供たちは、赤ちゃんから子供になって、三輪車に乗り始めるころになると、いろいろなことに、大人の話しがわかるようになります。三輪車は、ただの乗りものではなくて、社

会に参加する乗りもののようです。ちいさな三輪車を作って、ちいさなテディ・ベアを乗せました。子供たちのちいさなころの姿がうかんできます。

【三輪車の作り方】

①4.0cm×2.0cm×2.0cmの木片から三輪車のアームを削り出す。

②直径2.0cmの車輪と車輪うけ、ハンドルを作る。

ポイント

なるべく正確にそれぞれの部品を作って、ていねいに組立てる。

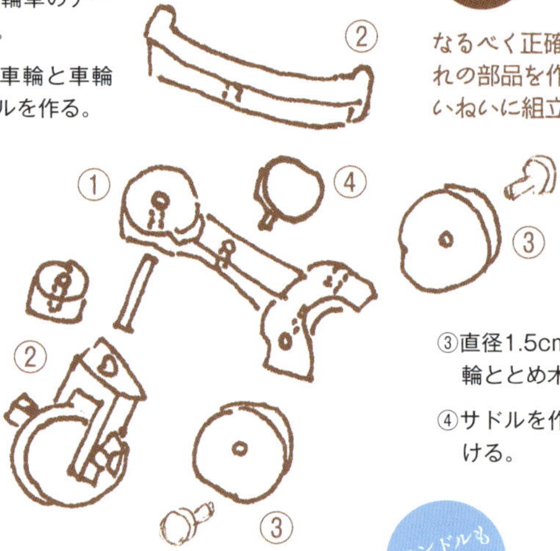

③直径1.5cmの後方の車輪ととめ木を2組作る。

④サドルを作って取り付ける。

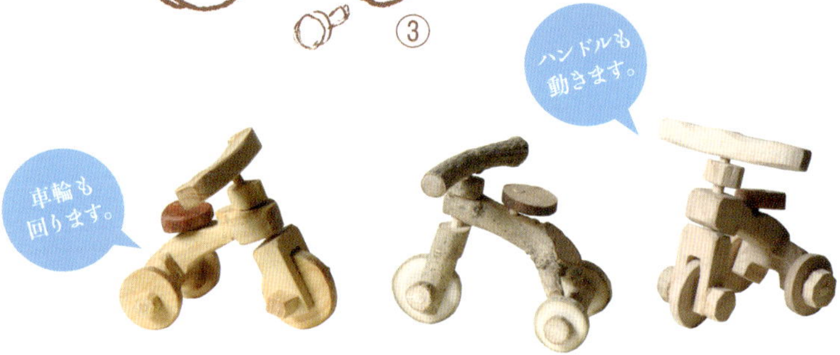

①

②

③

【緑のモコモコベアの作り方】

①縫い代2mmを加えて裁つ。

②各々のパーツを中表に合わせ、本返し縫いで縫う。

③かんしという道具を使って、すべて表に返す。細かいので、かんしを使って内側から引いたり、外側から押したりして、表に返す。

④各パーツに綿をしっかり、かたく詰める（耳を除く）。かんしを使って、細かい部分にまで詰める。

⑤顔を耳につけ、毛が長い場合はカットして、形を整え、オニキスビーズの目を糸で縫いつける。糸始末は耳の下や首で。

⑥鼻と口を刺しゅうする。

⑦各々のパーツをつける。

ポイント 綿の詰め方でずいぶんと表情がかわる。

型紙（原寸）

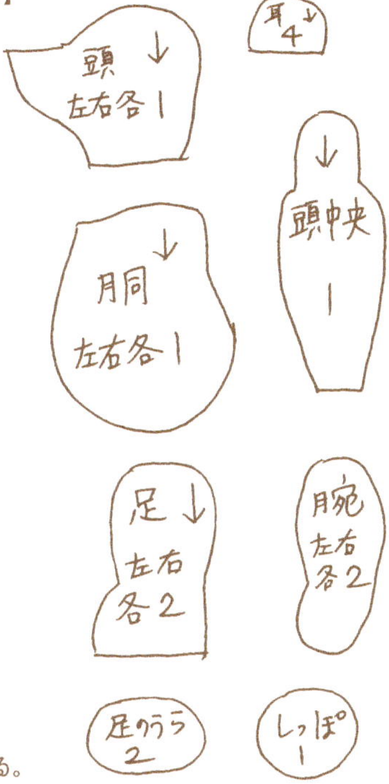

ヨット

　実際に水にうかべることのできるヨットを作りました。息を静かにかけると、スーッと前へ進みます。

　ちいさな器が広い海原のように感じられます。

【ヨットの作り方】

①4.6cm×2.4cm×1.2cmの軽めの木でヨットの本体を削り出す。本体は中央部分を残して空洞にする。

②本体の上部にうすい板でふたをし、中央に帆を立てる穴をあける。また、本体の底にしたんなどの重い木片をはりつけておもりとする。

③長さ5cmの棒の両側にうすい板をはりつけて帆を作る。

④形をととのえて色をつけ、防水のためにニスをぬる。

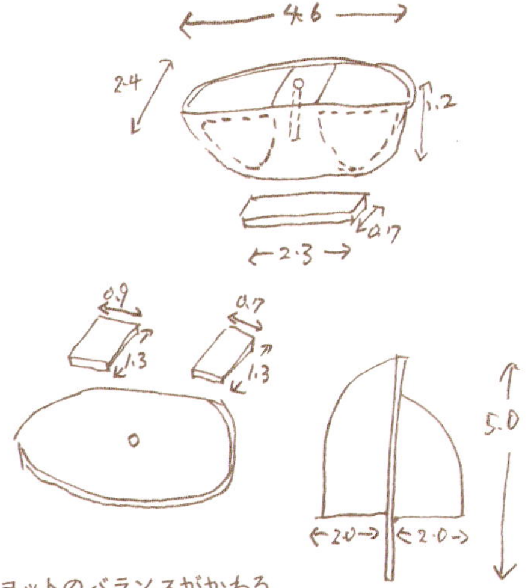

ポイント　木の密度によって微妙にヨットのバランスがかわる。

PATRICK, ESQ

飛行機・ヘリコプター

ドイツの民芸品でマッチ箱に入った組立式の木製の飛行機を手に入れました（81ページ左上）。簡単な構造ですが、ちいさな部品を組立てて、両方の羽根をひろげて飛行機が完成します。基本的には同じ構造ですが、プロペラ、車輪を実際に動くようにしました。1つのマッチ箱に2機ずつ

入ります。

　また、ヘリコプターを作りました。大きな羽根がよく回るように、中心にちいさなボルト、ナットを組込みました。フッと息をかけるとくるくるとよく回ります。なほちゃんが、大きい方のヘリコプターにみどり、あか、あおで色をつけてくれました。

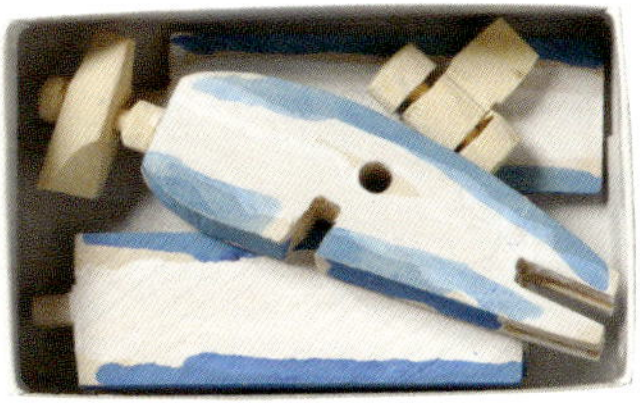

【ヘリコプターの作り方】

①3.7cm×1.5cm×1.3cmの木片から本体を削り出す。

②本体の屋根にナットを組み込み、上からうすい板でおさえる。

③0.5cm×0.5cm×3.5cmの木片からプロペラ2枚を作り、組み合わせて、ボルトで取り付ける。

④後方の羽根を十字に組立てて、取り付ける。

⑤下部に細い針金2本を取り付ける。

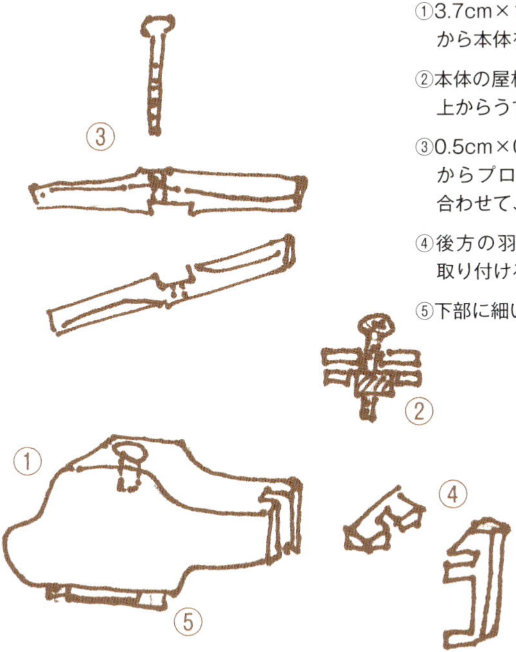

ポイント 上から、フッと息をかけると、くるくるとプロペラが回る。

位置について、よーい、ドン！

くるま

ちいさな車をたくさん作りました。少し大きい車は、車輪をはずして、マッチ箱に収めます。どれもくるくるとよく走ります。

これから、みんなならんで競争です。

こんな風に遊びます。

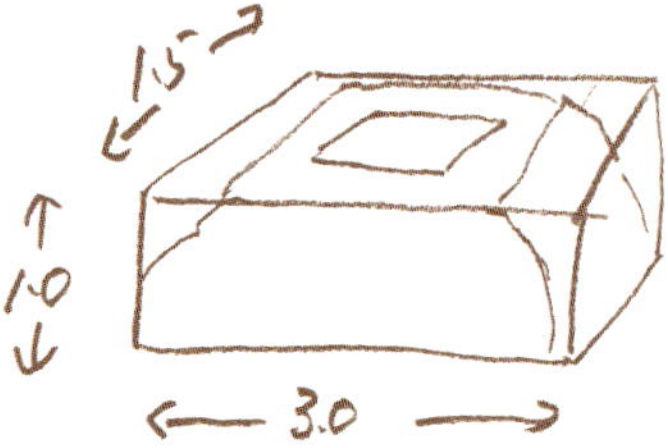

【くるまの作り方】

①1.5cm×3.0cm×1.0cmの木片に車のアウトラインをかき、これを削り出す。

②車体に、ライト、座席、車輪の入るへこみを作る。

③銅の針金で、前、後にしきりを入れる。

④直径0.9cmの車輪を作り、本体に車軸を通す穴をあける。

⑤車を組立てて、色をぬる。

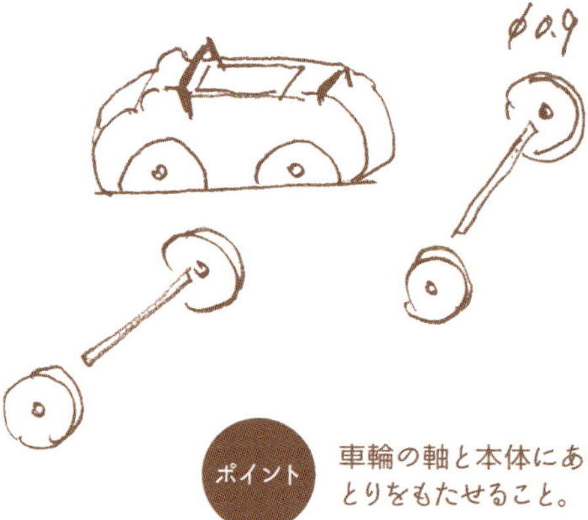

ポイント　車輪の軸と本体にあけた穴にゆとりをもたせること。

動物たち

伊藤ポチ
です。

大橋ちびポチ
です。

大橋えだポチ
です。

箱入りポチです。

いぬのポチ

北海道で木工の作家活動をされていた伊藤英二さんが作られたポチ（いぬ）は、とてもかわいいいぬです。伊藤さんにお話して、私も、ちいさなポチをいくつも作って、ボランティアで子供たちにプレゼントしてきました。この私の作るちいさなポチもとてもかわいいです。

伊藤さんのポチが、どうしてこんなにかわいいのか、作っていてもふしぎです。でも、とてもかわいいのです。皆さんも、作ってみてはいかがですか。

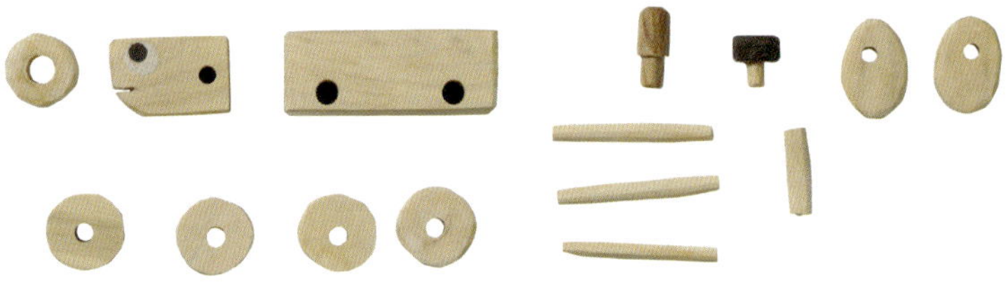

【いぬのポチの作り方】

①1.3cm×1.3cmの角材で、2.0cmと3.4cmの長さの部品を準備し、短い方は首、長い方は胴体とする。

②首の方には口の切り込みを入れ、目は大きめに白い木をうめ込み、乾燥してから黒い木をうめる。

③首に軸を差し、軸の先に木片を付けて、首輪でふたをするように取り付けると首がまわる。また、首を胴体に固定してもよい。

④車輪、耳、鼻、シッポを取り付ける。

ポイント 首と胴体のバランス、目の位置、首の角度によって表情がすっかりかわる。

東亞燐寸株式会社謹製
使用上の注意

ひよこ

ほんの一昔まえまで、縁日の夜店では、ひよこがよく売られていました。寒い季節には寒がりなひよこのために、暖めるためのはだか電球がつけてありました。小さくてぴよぴよとないて、黄色くて、ふかふかで、お日さまのにおいがしそうです。

私も、子供のころ、親にねだって何度か買ってもらいました。

そんなことを思い出しながら、ひよこを作りました。ひよこの黄色い色は、５歳のなほちゃんが、息をとめながら、一筆一筆ぬってくれました。

みていると、とても暖かい気持ちになります。

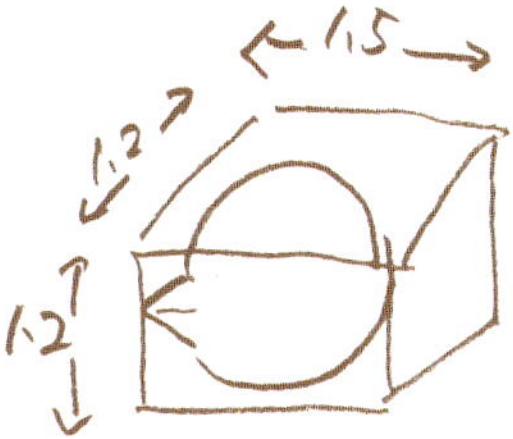

【ひよこの作り方】

①口ばしを大きめにつけた小さい球（頭）と、二回り大きい球（胴体）を作る。

②頭の下部に串をさし固定する。また胴体の上部に頭のささる穴をあける。

③つげで、両足をそろえた足を削り出す。

④胴体の下部に足のささる穴を2か所あけ、足をさして固定する。

⑤色をぬって、目をかく。

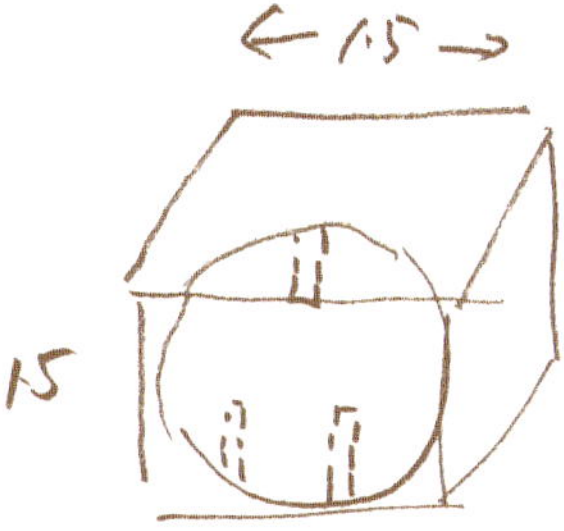

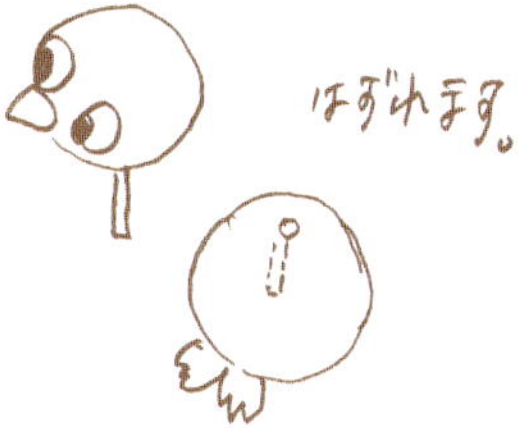

ポイント 目は大きめにかわいらしく入れる。またマッチ箱に入れるときは頭をはずす。

かに

横浜の元町で、ちいさなかにを見つけました。マッチ箱に3匹も入ってしまうほどの大きさです。富山県の高岡で造られたろう型です。ろう型は、蜜ろうと松やにで原型を作って、外型でおおって原型をとったあと、そのなかに銅を流し入れて作ります。

一方、木のかには、つげで作りました。ろう型とはちがって、まるこく作りました。両方とも気に入っています。

アンモナイト
アンモナイト
アンモナイト
海ゆり
三葉虫
まき貝、しじみ
アンモナイト
アンモナイト
なぞの化石

遥か大昔に、生きていた虫たち—。

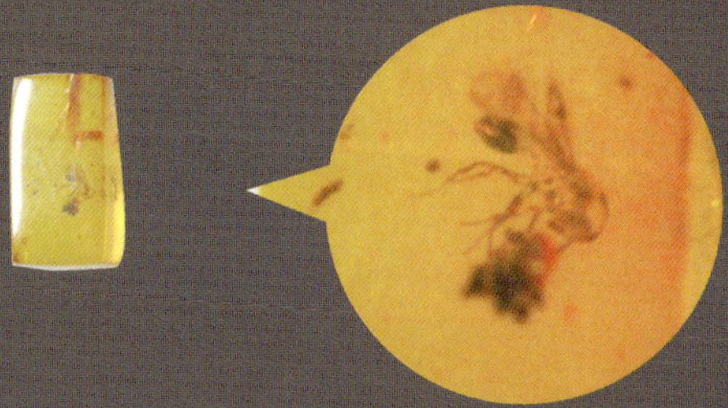

こはく

化石

　子供のころから、化石にとても興味がありました。私は名古屋で育ちましたが、近くの化石の出る地域によく出かけました。ハンマー、たがねなどをかばんに入れて、汽車、バスを乗りついでいきました。貝の化石、また海ゆりの茎などを採集できました。

　また、私の化石好きを知った友人たちからアンモナイトの化石などをいただきました。三葉虫のまるまった化石は、子供のころに、父親にねだってデパートで買ってもらいました。旅先などで手に入れることもあります。これが 104 ペー

ジ右下のなぞの化石です。また、虫の入ったこはくは上野の国立博物館の売店で手に入れました。

これらの化石を見ていると、何千万年、また何億年前には、化石となった生物は、普通に生きていたのだと、とても不思議です。

化石をみながら、あさり、しじみ、まき貝を作って、繊維を染める染料で色をつけました。材質は、つげ、けやきです。よくみがいて色をつけました。金色、銀色のあさり、しじみは、実物の貝殻に色をつけました。

かたつむり

庭の片すみで、かたつむりのカラをみつけました。かなり前のものらしく、なかまできれいになっていました。

かたつむりの親子を作りました。みていると、なんだか楽しそうな親子です。

ダンゴ虫
いっぱい
つかまえたよ！

ちいさな虫

5歳のなほちゃんは、ちいさな虫が大好きです。ダンゴ虫など平気でさわります。一つ一つひろいあげて、手のひらにのせて遊んでいます。ダンゴ虫をあつめて、どうするのでしょうかね。

ちいさな生きもの

マッチ箱のなかに、ちいさな生きものをちいさくして入れました。

やまねは、山梨県の清里に住むちいさな哺乳類です。清里で冬眠中のやまねを手のひらに乗せていただいたことがあります。ふかふかして、とても軽いです。

黒いちょうちょは、じゃこうあげはで、幼虫はうまのすずくさを食べて育ちます。とてもめずらしいちょうちょですが、立教大学の池袋キャンパスでみつけることができます。

さいごはかみきり虫です。子供のころ、実際に紙を切らせてみましたが、うまく切りませんでした。これからどこへ行こうとしているのでしょうか。

わんっ

いぬのポロン

こっちに向かって「わんっ」とほえているのが、ミニチュア・ダックスフンドのポロンちゃんです。デパートのペット売場で目と目が合って、わが家にやってきました。ちいさなポロンちゃんは実物の雰囲気がとてもでています。元気で、あまえんぼうで、人の言うことがよくわかります。みんなにとてもかわいがられています。

お友だちに、もう一匹作りました。

マッチ箱の犬小屋には、一匹しか入れません。ポロンちゃんは、今夜はどこでねるのでしょうかね。きっと、だれかのふとんのなかにもぐり込むのでしょう。

型紙（原寸）

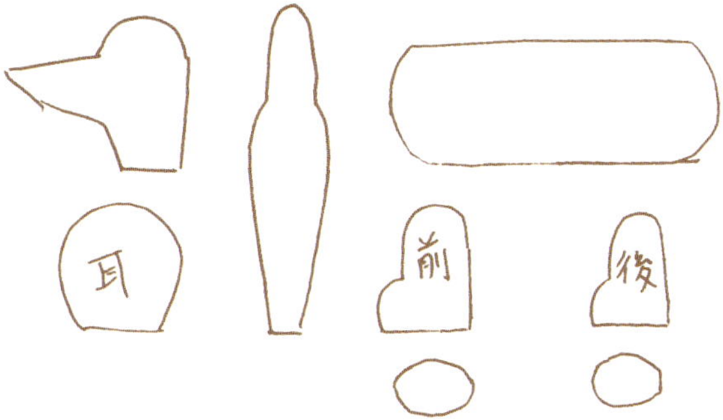

【ポロンちゃんの作り方】

作り方は、緑のモコモコベア（77ページ）と同じ。

ポイント 全体のバランスをみながら組立てる。

みんなのお気に入りのこの場所で、

おしゃべりに花を咲かせましょう。

テディ・ベアのお茶会

身長2cmくらいのちいさなテディ・ベアのお茶会です。ベアは手も足も動きます。マッチ箱のテーブルの上にはお茶がでています。ちいさなティーカップを作りました。

お話しがはずみます。楽しそうですね。

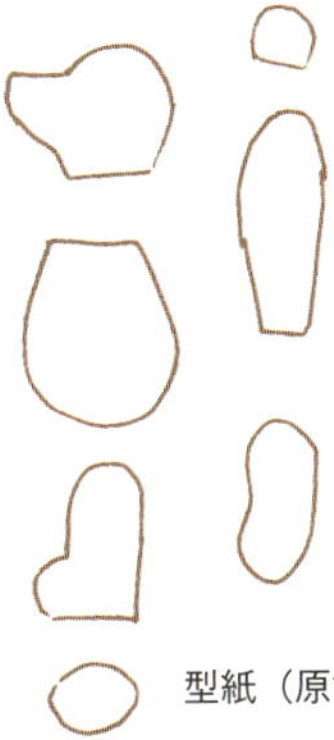

型紙（原寸）

【ちびちびベア作り方】

作り方は、緑のモコモコベア（77ページ）と同じ。

ポイント ちいさいので、ゆっくりとていねいに作業する。

あとがき

木《こ》っぱこうぼうのなかまが集まって『ちいさな宝もの』が完成しました。

マッチ箱のなかに入るちょっとしたちいさな工作を紹介させていただきました。

木《こ》っぱこうぼうのメンバーは、妻、弟、娘、孫たちです。みんな子供のころから工作が大好きです。５歳の孫も工作が大好きです。だれかが工作を始めると何となく集まってきます。

身近にあって、それとないけれどもちょっと気になるものを作ってきました。みんなで作っていると、とても楽しいですよ。

みなさんも、この本をみて、のんびりと楽しい気持ちになっていただければと思っています。また、何かお気に入りのものを作ってみませんか。

この本は、みなさんのご理解とご協力で完成しました。デザイナーの椎原由美子さん、唯学書房の伊藤晴美さん、ありがとうございました。

大橋 英五

from Ohashi
6大学野球

3B
HB
2B

COFFEE
クラシックラガー
KIRIN
Coca-Cola

ちいさな宝もの

著者／大橋英五（木《こ》っぱこうぼう）
2014年11月10日　第1版第1刷発行

写真／大橋利行（大橋フォト・センター）

木工・人形制作／大橋英五　大橋孝次　大橋達子
山本里恵　山本奈穂　川口見和（木《こ》っぱこうぼう）

ブックデザイン／椎原由美子（シー・オーツーデザイン）

発行／有限会社 唯学書房
〒101-0061　東京都千代田区三崎町2-6-9　三栄ビル302
TEL　03-3237-7073　　FAX　03-5215-1953
E-mail　yuigaku@atlas.plala.or.jp
発売／有限会社 アジール・プロダクション
印刷・製本／中央精版印刷株式会社

※定価はカバーに表示してあります。

ISBN978-4-902225-89-1 C0072